Un cachorro de tigre

por Maryellen Gregoire

Consultora:
Nancy E. Harris, MEd

capstone
classroom
Heinemann Raintree • Red Brick Learning
division of Capstone

Un cachorro puede comer.

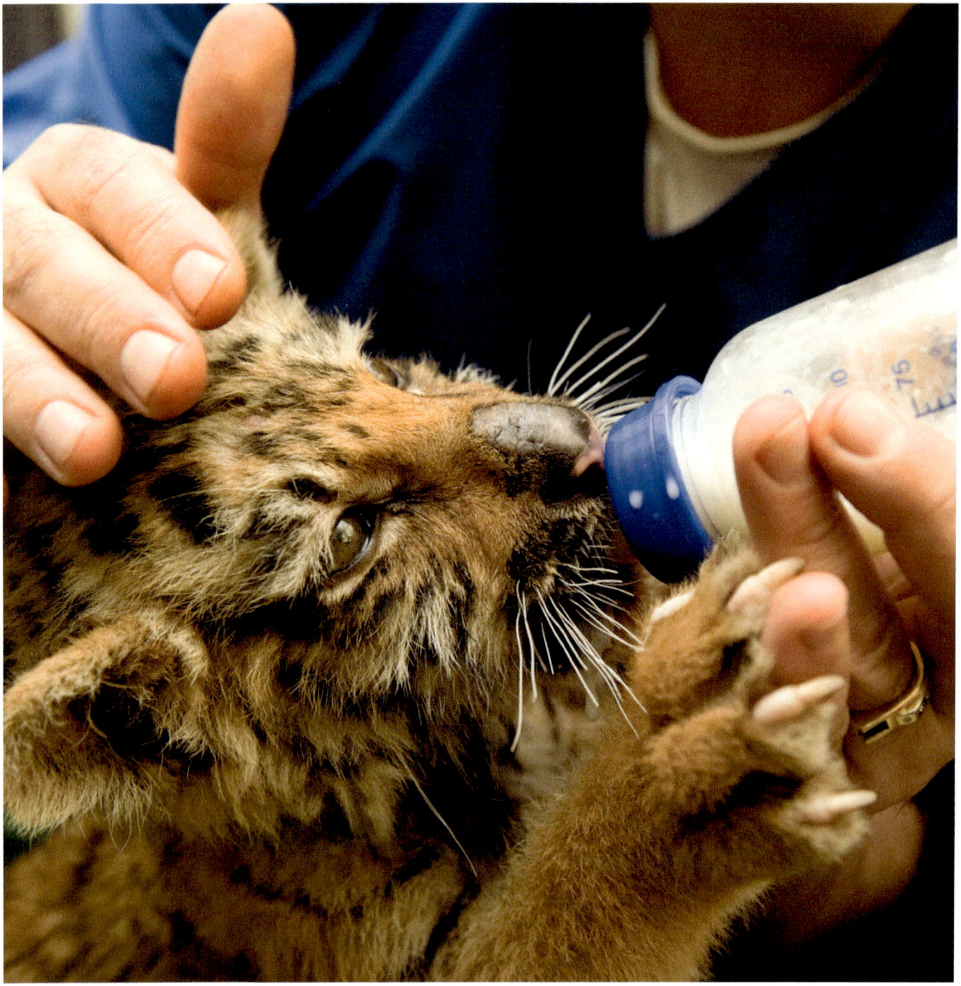

Un cachorro se puede sentar.

Un cachorro puede rodar.

Un cachorro puede saltar.

Un cachorro puede correr.

Un cachorro puede cazar.

Un cachorro puede dormir.